HELLO RUBY

Die Reise ins Innere des Computers

Linda Liukas

Selbstverständlich für meine Mutter.
Und für Ville, der mit mir in den Kaninchenbau fiel.

Die Grafiken wurden in Photoshop unter Verwendung von Pinsel-Werkzeugen von Kyle T. Webster erstellt.

Der Android-Roboter ist eine Reproduktion oder Modifikation eines von Google geschaffenen und zur Verfügung gestellten Werks und wird entsprechend den Bedingungen in der Creative Commons 3.0 Attribution License verwendet.

Die Originalausgabe erschien unter dem Titel
„Hello Ruby. Journey inside the Computer"
bei Feiwel & Friends, ein Imprint von Macmillan, 1. Auflage 2017
Text und Illustrationen © Hello Ruby Oy / Linda Liukas, 2017

Autorin
Linda Liukas

Übersetzung
Anja Scharun für LUND Languages, Köln

Druckerei
LASERLINE Druckzentrum Berlin
Gedruckt auf chlorfrei gebleichtem Papier

Verlag
Bananenblau – Der Praxisverlag für Pädagogen
E-Mail: info@bananenblau.de www.bananenblau.de
©Bananenblau 2017 ISBN 978-3-946829-08-9

Einleitung für Eltern

Unsere Welt wird zunehmend von Computern bestimmt. Doch wenn man jemanden auf der Straße fragt, wie Computer eigentlich funktionieren, herrscht betretenes Schweigen. Ein Großteil der Komplexität von Computern bleibt für uns hinter der grafischen Benutzeroberfläche und dem eleganten Gehäuse verborgen. Wie kommen denn nun Bits und Bytes im Inneren des Computers zusammen? Wie wird aus Strom Logik und aus Logik Einsen und Nullen? Und wie hängt all dies mit der physischen Welt der Prozessoren und Speicherchips zusammen?

Computer sind mit der Zeit immer ausgetüftelter, komplexer und winziger geworden. Irgendwann ging uns das Verständnis verloren. Und dies betrifft nicht nur die Art von Computern, die Sie und ich als solche erkennen: den Desktop-Computer, das Tablet oder das Smartphone. Die aktuelle Generation von Kindern wird die letzte sein, die sich an Computer als den leuchtenden Kasten erinnert. Sie werden in einer Welt aufwachsen, in der sich Computer überall finden, ob in ihrem Teddybären oder in ihrer Zahnbürste.

Was sagen wir also, wenn unsere Kinder uns nach Computern fragen? Welcher mentalen Modelle und Metaphern bedienen wir uns? Diese Geschichte ist ein Versuch, Kinder mit dem Computer vertraut zu machen. Sie ist weder ein Lehrbuch noch eine Anleitung für den Bau eines Computers. Sich ein gründliches Verständnis von der Arbeitsweise von Computern anzueignen, ist wie der Fall in den Kaninchenbau bei Alice im Wunderland. Ich möchte mit meiner Geschichte einen fantasievollen Einblick in Computer geben und zeigen, was sich hinter diesem glänzenden, rätselhaften Behältnis verbirgt.

Ein paar praktische Tipps: In Toolboxen werden für Eltern zusätzliche Informationen zu den behandelten Themen aufgeführt. Im Verlauf des Übungsteils bastelt sich Ihr Kind einen Computer aus Papier. Daneben gibt es auch Diskussionspunkte, Spiele und ausdruckbare Übungen. Antwortvorschläge finden sich unter helloruby.com/answers und helloruby.com/de. Hetzen Sie nicht durch die Aufgaben und Übungen. Halten Sie inne und staunen Sie gemeinsam mit Ihrem Kind. Einige Kinder werden mehr über Logikgatter erfahren wollen. Anderen wird es genügen, von den Begriffen gehört zu haben.

Vor anderthalb Jahrhunderten hat Lewis Carroll seine Alice durch einen Spiegel in eine fantastische Welt geführt. Heute führe ich Ruby auf eine ähnliche Reise von den Betriebssystemen zu den kleinsten Bits und zu allem, was dazwischenliegt.

Ruby und ihre Freunde

Ruby

Ich bin neugierig auf Neues und hasse es, aufzugeben. Ich tausche meine Ideen gerne mit anderen aus. Möchtet ihr ein paar hören? Mein Vater ist der Beste! Ich kann tolle Witze erzählen! Und ich habe fünf besondere Juwelen.

Geheime Superkräfte	Ich kann mir unmögliche Dinge vorstellen.
Größtes Ärgernis	Ich hasse Durcheinander.
Lieblingsspruch	Warum?

Bits

In unserer Familie sind wir die Kleinsten und antworten immer mit Ja oder Nein. Wir interessieren uns für Lochkarten, Magnete, Strom und Münzen.

Geheime Superkräfte	Wir rechnen auf ganz besondere Weise: 8, 16, 32, 64, 128, 256. Ist das nicht lustig?
Lieblingsspruch	Kibibit! Mebibit! Pebibit!
Größtes Ärgernis	Eingeklemmte, festsitzende Dinge

Logikgatter

Wir sind die Bewahrer der Wahrheit. Wir sir immer genau, wiederholen uns aber manch ein bisschen. Wir arbeiten mit anderen zusa men, wobei es schnell einmal zu Streitereie kommen kann.

Geheime Superkräfte	Wir wissen, was wahr unc falsch ist.
Lieblingsspruch	Wahr!
Größtes Ärgernis	Quantenlogik

Software

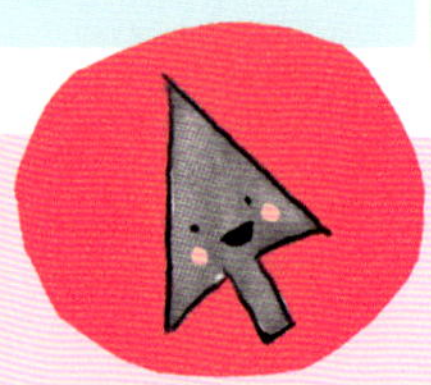

Cursor

Ich bin schnell und ein ziemlicher Spaßvogel. Manchmal springe ich ganz wild herum.

Geheime Superkräfte	Ich mag es, mein Aussehen je nach Anlass zu verändern. Manchmal bin ich ein Richtungspfeil, manchmal eine ziehende Hand und manchmal ein dünner Zeigefinger.
Lieblingsspruch	Die Welt sieht am schönsten aus, wenn man etwas schräg auf sie guckt!
Größtes Ärgernis	Zu kleine Kästchen, Wasserbälle und Sanduhren

Schneeleopard

Ich bin der schönste, höflichste und wohlerzogenste Schneeleopard, den ich kenne. Ich und die Roboter fechten oft Kämpfe au (Was irgendwie sinnlos ist, denn letztendlic sind wir uns sehr ähnlich.)

Geheime Superkräfte	Grenzenlose Schönheit.
Lieblingsspruch	Denke das Andere.
Größtes Ärgernis	Die Leute denken, ich sei knallhart, dabei bin ich sc verschmust.

Hardware

Maus

Ich bin fleißig wie die Ameisen und helfe gerne. Mein Freund, der Computer, kann sich auf mich verlassen. Manchmal habe ich einen Schwanz oder sogar einen blauen Zahn!

Geheime Superkräfte	Die rechte Taste
Lieblingsspruch	Macht es klick?
Größtes Ärgernis	Ich mag keine Touchscreens.

ROM*

Ich bewahre alles auf, was du nicht aus Versehen wegwerfen möchtest. Ansonsten schlafe ich. Vielleicht kennst du auch meinen Cousin Flash.

Geheime Superkräfte	Ich vergesse nichts.
Lieblingsspruch	Aufwachen!
Größtes Ärgernis	Ich bin sehr klein, alt und ziemlich langsam. Aber immer noch wichtig.

RAM*

Ich arbeite mit der CPU, der GPU und dem Massenspeicher zusammen, aber ich vergesse alles, sobald du den Computer herunterfährst.

Geheime Superkräfte	Ich bin schnell und beweglich.
Lieblingsspruch	Swap, du bist dran!
Größtes Ärgernis	Speicherfehler und -lecks.

GPU*

Ich bin für alles rund um Bilder auf dem Bildschirm zuständig.

Geheime Superkräfte	Ich kann viele Dinge gleichzeitig machen. Ich bin oft schneller als der Prozessor.
Lieblingsspruch	Schneller!
Größtes Ärgernis	Pixel

CPU*

Ich bestimme, wie schnell der Computer arbeitet und was er leisten soll. Du kannst mich an vielen Orten treffen – von Smartphones bis hin zu Weltraumraketen!

Geheime Superkräfte	Zahlenjongleur
Lieblingsspruch	Abholen! Dekodieren! Ausführen!
Größtes Ärgernis	Mir wird schnell heiß. Zum Glück habe ich einen Ventilator.

Massenspeicher

Ich halte alles in Ordnung.

Geheime Superkräfte	Ich bin der Größte von allen!
Lieblingsspruch	Was für Erinnerungen!
Größtes Ärgernis	Cloud-Speicher

*Wenn du noch mehr über RAM, ROM und ihre Freunde wissen möchtest, schau auf S. 64 nach.

Ruby ist ein kleines Mädchen mit großer Fantasie. Alles ist möglich, wenn Ruby es sich in den Kopf setzt. Doch heute langweilt sie sich.

Es gibt nichts zu tun, und zum Spielen hat auch niemand Zeit.

Es wartet weder eine lustige Teeparty noch eine neue Floßfahrt mit den Pinguinen auf sie. Selbst das Spielzeug sitzt nur herum und starrt Ruby an.

„Heute ist wohl kein Tag voller Abenteuer“, seufzt Ruby.

Speicher
CPU
ALU
Input
Output

Rubys Papa hat ihr versprochen, dass sie zusammen mit seinem Computer spielen würden. Jetzt ist er aber gar nicht zu Hause.

„Papa hat mir ein Versprechen gegeben. Ich setze mich jetzt einfach alleine zum Spielen an den Computer“, sagt Ruby zu sich selbst und geht in sein Arbeitszimmer.

Ruby schaltet den Computer ein, und der Bildschirm leuchtet auf. Gewissenhaft tippt sie das Passwort *kleinePrinzessinRuby1010* ein und klickt. Nichts passiert. Ruby klickt noch einmal und wackelt dann ein bisschen mit der Maus herum. „Dummer Computer“, brummt Ruby.

Und ganz plötzlich schnieft die kleine Maus und sagt:

„Der Computer arbeitet heute nicht."

„Was ist denn los?"

„Cursor reagiert nicht auf meine Nachrichten", sagt Maus. „Cursor und ich sind sonst immer ein eingespieltes Team. Aber jetzt ist er verschwunden."

Für Ruby hört sich das nach dem Beginn eines neuen Abenteuers an.

„Also ... zufällig bin ich die beste Computerproblemlöserin, die ich kenne. Ich kann dir dabei helfen, deinen Freund zu finden."

„Dankeschön. Mir fällt nämlich nichts mehr ein, was ich noch tun könnte! Folge mir, ich weiß, wie wir in den Computer hineinkommen“, sagt Maus. „So schicke ich dem Computer Nachrichten.“

Ein Mauseloch! Ruby waren die Löcher auf der Seite des Computers bisher noch gar nicht aufgefallen.

Ganz aufgeregt macht sie sich klitzeklein und kriecht der Maus hinterher.

Und dann fällt sie …

Ruby fällt immer tiefer ins Innere des Computers hinein, bis sie schließlich in einer großen Halle mit Milliarden von glitzernden kleinen Bits landet.

„Oh wie schön“, stößt Ruby aus. „Was passiert hier denn?“

„Hier leben die Bits. Sie gehen andauernd an und aus, an und aus. Alles in einem Computer baut auf Bits auf.“

AN!
AUS!

„Herr Strom hat hier die Leitung“, erklärt Maus. „Wollen wir mit der Suche nach Cursor beginnen?“, schlägt Ruby vor.

„Die Bits werden uns keine Hilfe sein. Es ist viel zu anstrengend, mit ihnen direkt zu reden. Sie reden immer nur in Einsen und Nullen. Wenn sie mehr als JA oder NEIN sagen möchten, müssen mindestens acht von ihnen zusammenarbeiten. Wir müssen weiter zum nächsten Level“, antwortet Maus ganz ungeduldig.

Ruby und Maus steigen eine Leiter hoch und spähen über den Rand.

Maus zeigt auf eine Tür in einer entfernte Mauer: „Dahinter sollten wir jemanden finde der uns helfen kann."

Jedoch versperrt ihnen eine Reihe seltsame Gebilde und Gatter den Weg.

Ruby und Maus versuchen, sich ganz leis vorbeizuschleichen. Doch man hat sie entdeckt

„Hey, ihr da! Wer durch die Gatter gehen möchte, muss erst unsere Rätsel lösen. Antwortet entweder mit WAHR oder FALSCH. Wir machen ständig Logikübungen und trainieren unseren Verstand!"

Ruby ist bereit, die Herausforderung anzunehmen. Sie marschiert auf das erste Gatter zu.

„Sehr gut, Ruby! Jetzt können wir ein anderes Spiel spielen. Es heißt EXKLUSIVES ODER."

„Nein Ruby, lass uns weiterlaufen. Wir nehmen die Abkürzung", flüstert Maus.

„Ich weiß, wen wir um Hilfe bitten können“, sagt Maus. „Herrn CPU. Er kommandiert aber sehr gerne herum, und ich habe Angst, ihn zu unterbrechen.“

Schon von Weitem können sie jemanden Befehle schreien hören.

Ruby geht schnurstracks auf Herrn CPU zu und versucht, ganz selbstsicher zu wirken.

„Bist du hier der Chef?“, fragt sie.

„Ja. Ich bin der Prozessor des Computers. Ich sage anderen, was zu tun ist. Ich bin sehr schnell und gerade bin ich total beschäftigt."

„Herr CPU, Cursor arbeitet heute nicht. Hast du ihn irgendwo gesehen?"

Herr CPU schaut verwirrt. „Ich weiß nicht. Es ist nicht meine Aufgabe, mich an alles zu erinnern! Ich bin schon genug damit beschäftigt, Entscheidungen zu treffen. Sprecht lieber mit Frau GPU, Cursor ist ihr Assistent."

„Hallo, ihr kommt gerade richtig, um mein wunderschönes Bild anzusehen. Mein Geheimnis liegt in der mathematischen Genauigkeit", ruft Frau GPU begeistert aus.

„Auch hier keine Spur von Cursor", sagt Maus.

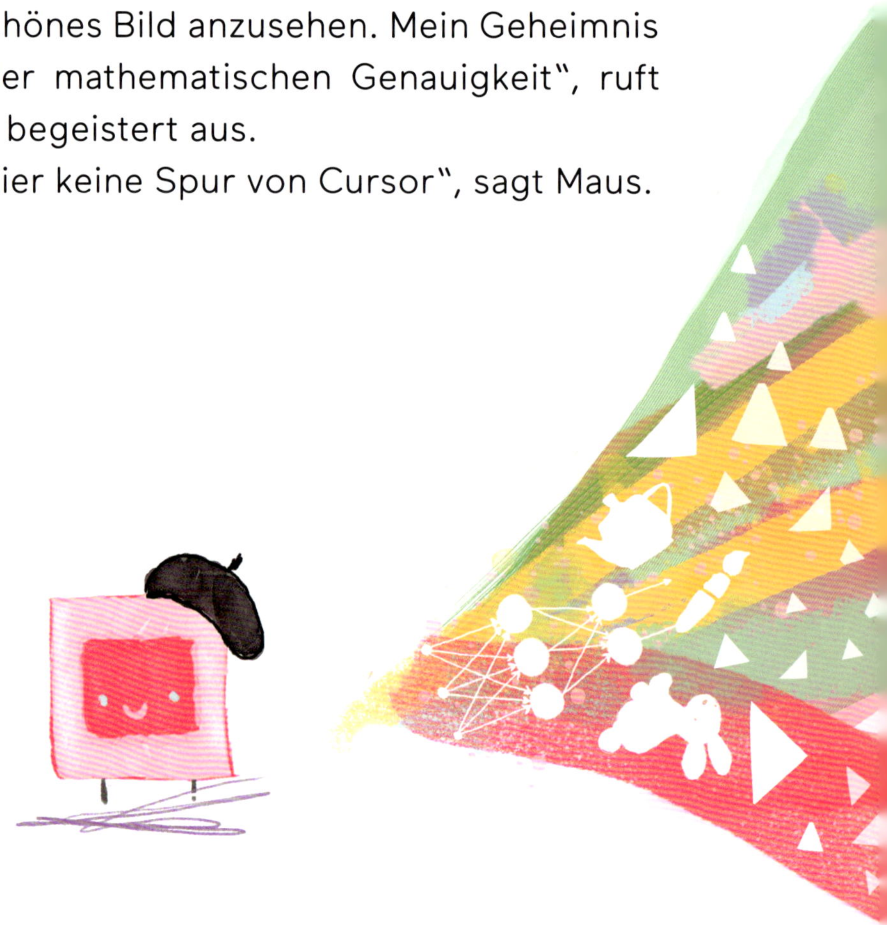

„Da kommt RAM, fragen wir sie“, sagt Maus. RAM keucht und schnauft. – „Mir ist so heiß.“

„Warum rennst du denn dann die ganze Zeit herum?“, fragt Ruby.

„Herr CPU und Frau GPU kommandieren mich ständig herum. Immer muss ich jede Kleinigkeit vom Massenspeicher abholen“, sagt RAM und rennt weiter.

„Wir haben ein Problem. Cursor ist schon den ganzen Tag verschwunden. Erinnerst du dich, was passiert ist?", wirft Ruby ein.

„Fragt den Massenspeicher. Er kann sich an alles erinnern. Am Ende des Tages bin ich hundemüde, und mein Kopf ist total leer."

Ruby geht zum Massenspeicher hinauf.

„Ruby, du wirst Cursor nicht hier in der Hardwareabteilung finden. Du musst in die Softwareabteilung gehen", erklärt er ihr und hört sich dabei sehr freundlich und klug an.

Datei
Bearbeiten
Ansicht
RUBY
SOFTWARE

Es geht für die beiden weiter vorwärts und immer höher.

„Das kommt mir bekannt vor“, sagt Ruby. „Sieh nur, das da ist mein Lieblingsspiel!

„Genau hier sollte Cursor sein“, sagt Maus voller Kummer.

„Hallo Ruby! Oh, und schön, dass du mitgekommen bist, Maus", sagt Schneeleopard. „Ich gebe eine kleine Teeparty. Es war ein ziemlich ruhiger Tag bis jetzt. Habt ihr vielleicht Cursor gesehen? Ohne Cursor ist es sehr schwierig, mein Betriebssystem zu verwenden", erklärt Schneeleopard.

„Wir suchen Cursor schon die ganze Zeit. Wir haben überall herumgefragt, aber es hat nichts gebracht. Wir müssen uns jetzt an die Fehlerbehebung machen, um dieses Problem zu lösen", sagt Ruby mit entschlossenem Blick.

SUDO
PROZESSOR
GERÄTE
SICHERHEIT
SPEICHER
DATEIEN
PROGRAMME
SOFTWARE

„Als Erstes überlegen wir uns, wo Cursor überhaupt sein könnte. Danach schließen wir alle Orte aus, die wir bereits besucht haben und an denen wir Cursor nicht gefunden haben."

„Und wenn uns das noch nicht weiterhilft, müssen wir überlegen, warum Cursor verschwunden ist. Die besten Problemlöser fragen immer nach dem Warum", sagt Ruby wissend.

„Aha! Ich glaube, ich weiß was passiert ist", ruft Ruby einen Moment später.

Schließlich entdeckt sie Cursor tief schlafend in seinem Bett.

„Maus! Was für ein Nickerchen! Ich habe darauf gewartet, dass irgendetwas passiert, und muss dabei eingeschlafen sein", gähnt Cursor und steht auf.

„Wir sollten jetzt besser anfangen zu klicken, zu drehen, zu drücken, zu ziehen, loszulassen und zu zeigen."

Maus lächelt und wackelt mit ihrem Schwänzchen.

„Maus und Cursor, ihr seid so ein tolles Team. Jetzt könnt ihr wieder zusammenarbeiten“, sagt Ruby, während sie die Maus an den Computer anschließt. „Im Probleme lösen bin ich einfach klasse. Papa wird so stolz auf mich sein, wenn er sieht, wie gut der Computer jetzt funktioniert.“

PAPA! ICH
HABE DEINEN
COMPUTER
REPARIERT

Arbeitsbuch

Hallo, mein Name ist Ruby, und für mich gibt es nicht viel, das so aufregend ist wie ein Computer. Und nun kannst du dir deinen ganz eigenen Computer bauen. Außerdem wirst du viele tolle Dinge über deinen neuen Computer lernen.

Das brauchst du:

- Bastelpapier zum Gestalten
- Schere
- Klebeband und Klebstoff
- Schöne bunte Stifte

WENN DU DIESES SYMBOL SIEHST, BASTELST DU WEITER AN DEINEM EIGENEN COMPUTER.

Anleitung:

1. Nimm dir ein Blatt Papier und falte es in der Mitte. Sei dabei vorsichtig und gehe sorgfältig vor. Blättere auf Seite 44 und schau dir die abgebildeten Computerteile an.
2. Zeichne die Hauptplatine und die Felder für die Komponenten gemäß den Anweisungen.
3. Nimm dir ein anderes Blatt Papier und zeichne die auf der nächsten Seite gezeigten Komponenten darauf. Schneide die Komponenten dann aus. Lege sie ordentlich auf einen Stapel an die Seite, bis du später die Übung 12 machst.
4. Gestalte mit den Resten des anderen Blatts die Tastatur. Miss deinen Computer ab, damit auch alles passt. Schneide ihn aus.
5. Jetzt kopierst und schneidest du die Betriebssysteme, Dateien, Vorlagen zum Aufkleben und die Website aus.
6. Tada! Jetzt kann es weitergehen.

Baue dir deinen Computer

Hier sind die Teile des Computers abgebildet, die du aufmalen solltest.

1. Computergehäuse

Nimm dir dein erstes Blatt Papier und fange mit dem Computergehäuse an. Siehst du die gelben Kästchen? Dort trägst du später den Code aus Übung 21 ein.

2. Komponent

Male oder zeichne die Komponenten auf ein anderes Blatt Papier. Schreibe die Namen au

RAM

MASSEN-SPEICHER

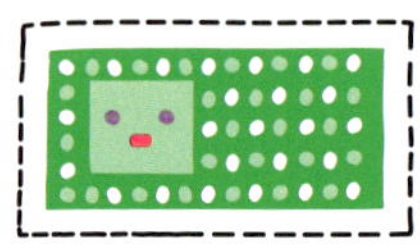

ROM

CPU

GPU

3. Betriebssystem

Dies hier sind die Logos von verschiedenen Betriebssystemen. Zeichne auch sie!

5. Selber gestalten

Mit diesen Vorlagen kannst du deinen Computer gestalten. Hast du noch Ideen für eigene Bilder zum Aufkleben?

4. Webseite

Bastele eine extra Webseite.

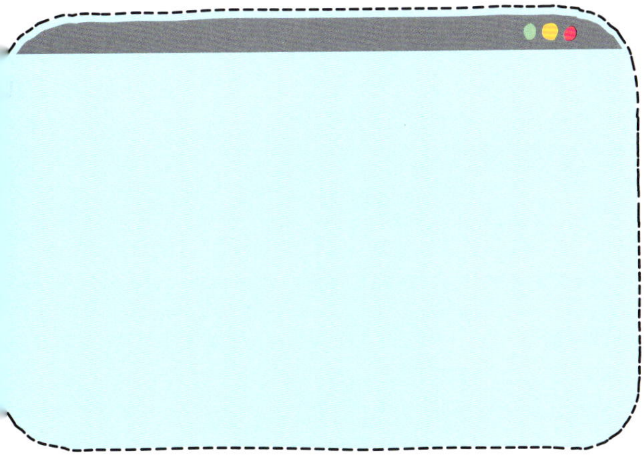

6. Dateien

Zeichne die Dateien für deinen Desktop ab.

Bastelvorlagen: Unter helloruby.com/de kannst du deinen eigenen Computer ausdrucken und ausschneiden.

7. Tastatur

Übertrage jetzt sorgfältig die Tastatur. Und vergiss den An-/Aus-Schalter nicht!

1

WAS IST EIN COMPUTER?

Computer sind tolle Freunde. Mit einem Computer kann man ganz viele Sachen machen: Bilder malen, Musik anhören, Spiele entwickeln und unglaublich große Zahlen rechnen. Ruby hat sowohl Familie Hardware als auch Familie Software kennengelernt. Jetzt bist du dran.

Toolbox

Computer bestehen aus Hardware und Software. Die elektrischen oder mechanischen Teile eines Computers nennt man Hardware. Die Anweisungen oder Programme, die im Inneren des Computers laufen, nennt man Software. Hardware und Software bringen einen Computer gemeinsam zum Funktionieren.

ÜBUNG 1

Deinem Computer einen Namen geben

Dreh deinen Computer herum. Gib ihm einen Namen und eine Seriennummer. Beim Namen kannst du deiner Fantasie freien Lauf lassen. Die Seriennummer macht den Computer einzigartig. Und wer hat den Computer eigentlich gebaut? Schreib ruhig deinen Namen darauf!

ÜBUNG 2

Hardware oder Software?

Beide Familien arbeiten zusammen. Sieh dir die Bilder an. Was davon gehört zur Hardware? Was davon gehört zur Software? Und was gehört zu beiden?

ÜBUNG 3

Ist das ein Computer?

Computer sind überall. Du hast wahrscheinlich mehr als hundert Computer zu Hause. Welche dieser Gegenstände sind Computer? Welche nicht?

Diskutiere

Frag einen Erwachsenen, welcher dieser Gegenstände schon vor 10 Jahren ein Computer war. Überlegt euch gemeinsam, welcher davon in 10 Jahren ein Computer sein könnte.

2

WOFÜR WERDEN COMPUTER VERWENDET?

Computer helfen bei vielen Dingen. Sie sind schnell, genau und gut darin, etwas zu wiederholen. Du kannst an vielen Orten auf Computer stoßen. Ruby hat den Desktop-Computer ihres Papas genutzt. Computer können aber auch vollkommen anders aussehen.

Toolbox

Scheinbar erledigen Computer ganz schwierige Dinge. Alles, was sie jedoch in Wirklichkeit tun, ist, riesige Mengen von einfachen Berechnungen nacheinander sehr schnell auszuführen.
Computern fallen von allein keine Lösungen ein: Sie benötigen Anweisungen, die sie befolgen können. Wir Menschen können hingegen kreativ und selbständig denken. Aufgrund dieser Eigenschaften sind Mensch und Computer ein so prima Team!

ÜBUNG 4

Deinen Computer zusammensetzen

Hol deinen Computer hervor und lege die Tastatur unterhalb des Bildschirms auf. Klebe die Tastatur an der einen Seite mit Klebeband fest. So kannst du immer einen Blick ins Innere werfen. Du hast einen Laptop gebastelt! Hurra!

Diskutiere

Gemeinsam klappt es besser! Denk an eine Situation, in der du mit jemandem etwas zusammen gemacht hast. Wie könnte ein Computer dir dabei helfen?

ÜBUNG 5

Woran erkennt man einen Computer?

Computer und Menschen können unterschiedliche Dinge gut. Schreibe auf einen Spickzettel, was dir dazu einfällt.

ÜBUNG 6

Wie man einen Computer erkennt? Schau nach Anhaltspunkten wie einem An-/Aus-Schalter, einem Kabel, Batterien oder einem blinkenden Licht.

Meine Computersafari

Finde einen Computer! Erstelle eine Liste aller Computer, die du diese Woche siehst.

TAG	UHRZEIT	WO	WAS MACHTE DER COMPUTER?

Computersafari: Unter helloruby.com/de findest du das Blatt zum ausdrucken.

SO VIELE COMPUTER HABE ICH ENTDECKT:

INPUT-OUTPUT-MASCHINE

Ruby fällt in den Computer hinein, dabei sind Daten normalerweise das Einzige, was der Computer hereinlässt. Wenn du etwas auf der Tastatur tippst, ist das für den Computer eine Eingabe. Dann werden die eingegebenen Daten verarbeitet. Am Ende wird das Ergebnis dieser Verarbeitung am Bildschirm angezeigt. Das nennt sich dann Ausgabe.

Toolbox

Die vier wesentlichen Computerprozesse sind Eingabe, Verarbeitung, Ausgabe und Speicherung. Unter Eingabe, auch „Input" genannt, versteht man die Aufnahme von Daten aus der Außenwelt über Eingabegeräte wie eine Tastatur oder auch über Sensoren. Anschließend werden die Daten verarbeitet, das heißt, in irgendeiner Weise verändert. Diese Aufgabe übernimmt eine Komponente namens Prozessor gemäß den Anweisungen des Speichers. Bei der Ausgabe bzw. beim „Output" wird das Ergebnis z.B. als Buchstaben auf dem Bildschirm angezeigt. Der gesamte Vorgang wird als Input-Output-Prozess bzw. I/O (Eingabe/Ausgabe) bezeichnet.

ÜBUNG 7

Input oder Output?

Welcher dieser Gegenstände ist ein Eingabegerät? Welcher ein Ausgabegerät? Zumindest zwei können beides sein.

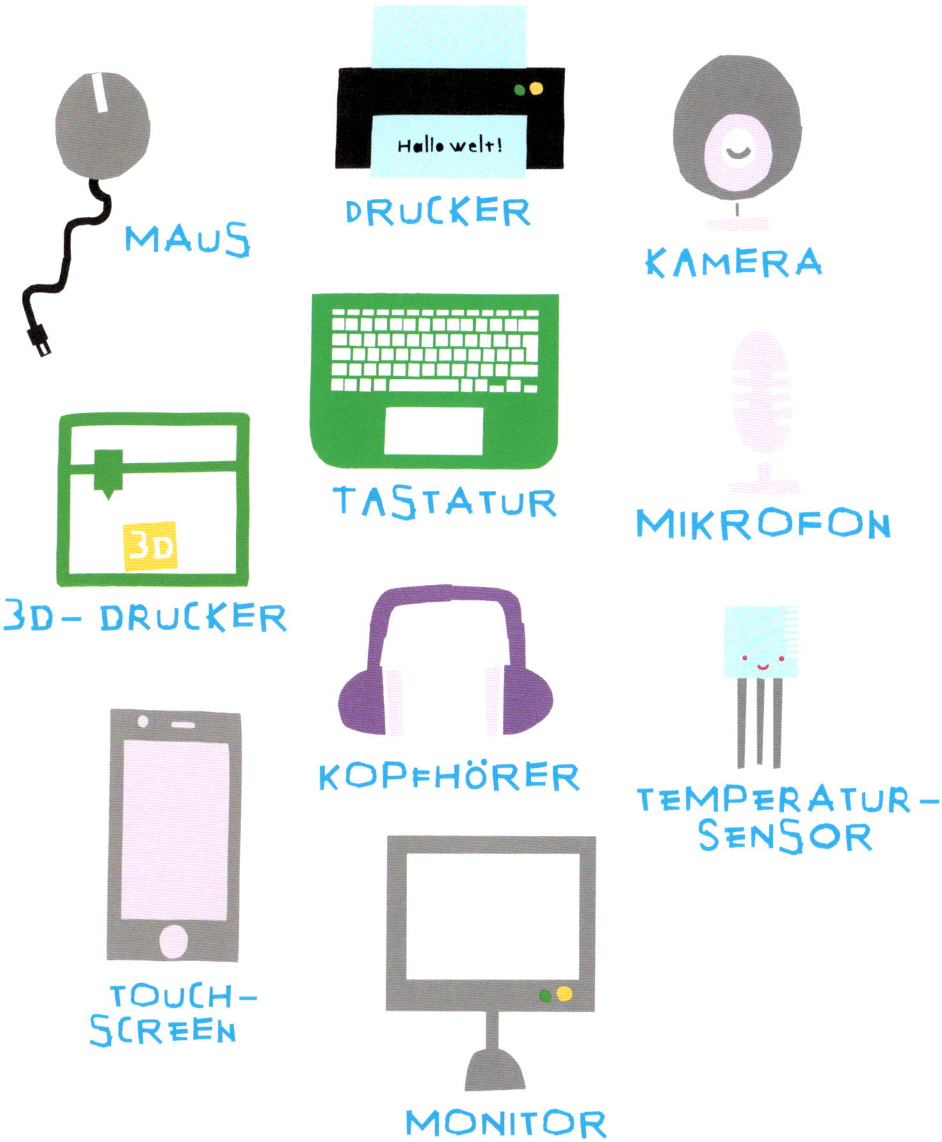

ÜBUNG 8

Eine Tastatur bauen

Eine Tastatur ist ein Eingabegerät und wird verwendet, um Texte, Zahlen und Anweisungen für den Computer zu tippen.

R U B Y

Als Erstes benötigt deine Tastatur Buchstaben. Du kannst die Tastatur auf der nächsten Seite als Vorlage zum Abschreiben verwenden. Eine Tastatur benutzt man mit beiden Händen. Man nennt dies Tippen. Kannst du mit der Tastatur deinen Namen schreiben? Übe das Tippen mit deinen Zeigefingern.

1 2 3

Jetzt fehlen noch die Zahlen von 0 bis 9. Trag sie auf deiner Tastatur ein. Wie würdest du die Zahl 21 auf der Tastatur tippen?

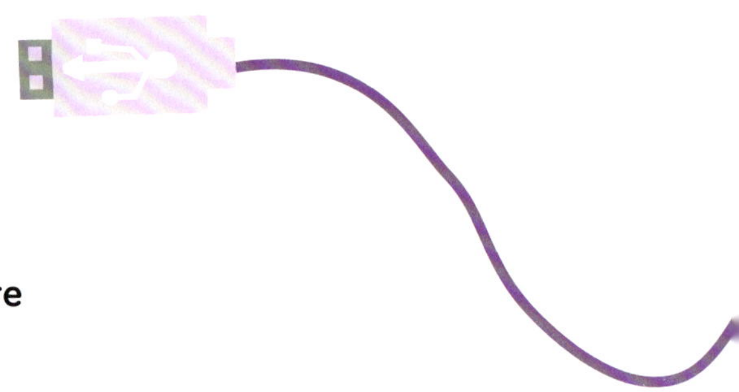

Einige Tasten haben besondere Fähigkeiten:

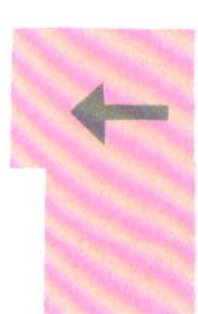

ENTER-TASTE Die Enter-Taste kann so viele Sachen! Sie kann immer dann gedrückt werden, wenn eine Schaltfläche oder eine Auswahl markiert ist, um dem Computer mitzuteilen, dass du diese bestimmte Auswahl triffst.

BACKSPACE Durch Drücken dieser Taste wird das erste Zeichen links vom Cursor gelöscht.

SPACE BAR Damit kannst du ein Leerzeichen zwischen Wörtern einfügen.

Erfinde eine neue Taste!
Es gibt da noch einige leere Tasten auf der Tastatur. Wie sieht deine Taste aus? Und was bewirkt sie?

Schließe die Übung ab, indem du ENDE tippst.

ÜBUNG 9

Dein Input-Output-Gerät gestalten

Was wäre, wenn du eine neue Art von Eingabegerät gestalten könntest, zum Beispiel einen Helm oder eine Brille? Oder ein Ausgabegerät wie einen winzigen Projektor? Wie soll es aussehen? Bastele es aus Papier.

Lass uns Eingabe- und Ausgabegeräte für unseren Computer basteln. Zeichne oder falte weiteres Zubehör für deinen Computer aus Papier. Wie wäre es mit einer Maus, einem Lautsprecher oder einer Videokamera?

ÜBUNG 10

Hat der Computer Sinne?

Menschen können Dinge anfassen, hören, sehen, schmecken und riechen. Computer haben keine Hände, Augen oder eine Nase. Sie haben stattdessen Sensoren, die ihnen dabei helfen, Eingabedaten aus der Welt zu sammeln. Viele Smartphones haben Sensoren.

1. Ordne zuerst jedem menschlichen Körperteil den richtigen Sinn zu.

2. Wie nimmt ein Computer die Welt um ihn herum wahr? Kannst du dir ein paar neue Sensoren für deinen Computer ausdenken? Was würden sie bewirken? Fülle die Tabelle aus.

	WAS ERKENNT DER SENSOR?	WIE KANN EIN SENSOR DEINEN COMPUTER BEEINFLUSSEN?
 TEMPERATUR	Er erkennt, wie heiß oder kalt etwas ist und wie sich die Temperatur verändert.	Dein Computer merkt, wenn es draußen kalt ist und kann dich daran erinnern, dich wärmer anzuziehen.
 LICHT	Er erkennt, wie sich die Helligkeit verändert, also ob es Morgen oder Abend ist.	
 DRUCK	Er erkennt, wie sich der Druck zum Beispiel ändert, wenn du auf einem Stuhl sitzt oder auf eine Taste drückst.	
 BEWEGUNG	Er erkennt Änderungen in der Bewegung, beispielsweise wenn jemand durch die Tür kommt.	
 FEUCHTIGKEIT	Er erkennt, wie feucht etwas ist, also ob es draußen regnet.	

ÜBUNG 11

Die unglaubliche I/O-Maschine

Lass uns gemeinsam eine Übung zu Input (Eingabe), Verarbeitung und Output (Ausgabe) machen. Kannst du die abgebildeten Vorgänge vervollständigen?

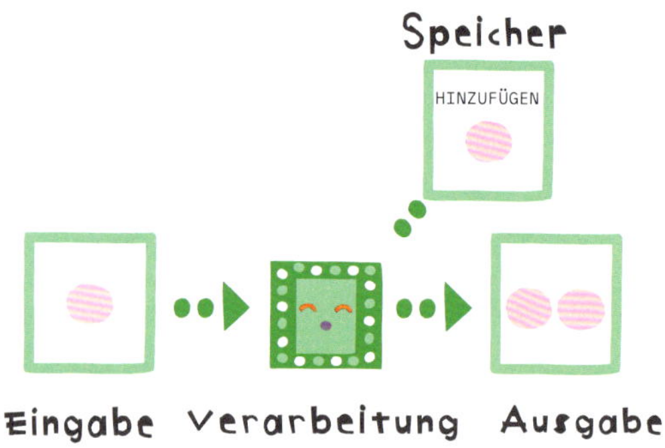

Beispiel Übe, mit dem Computer zu rechnen. Verfolge mit deinem Finger, was der Computer macht.

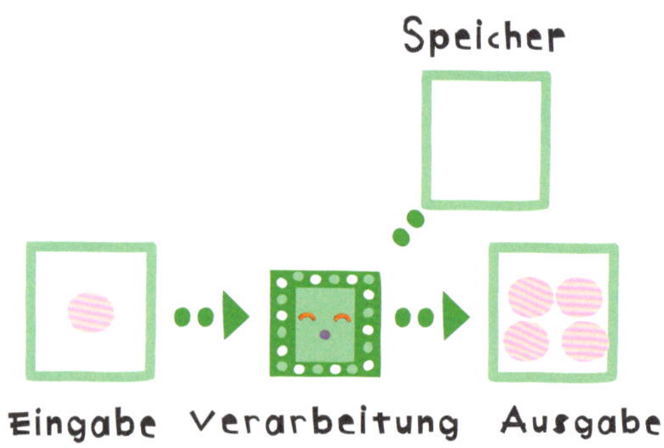

Kannst du dem Prozessor helfen? Wie viele rosafarbene Kreise sind beim Verarbeiten hinzugekommen?

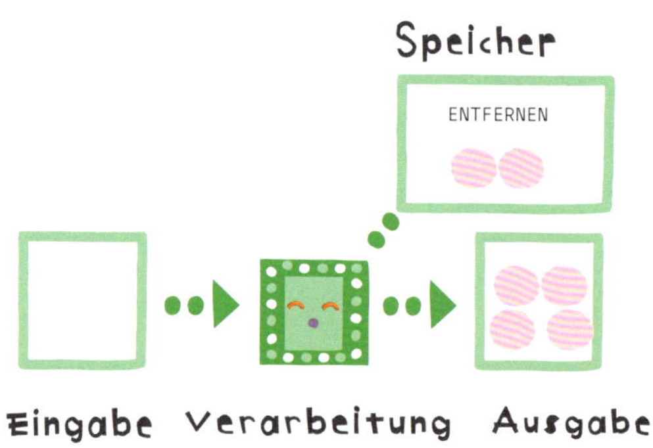

Und wie viele rosafarbene Kreise wurden hier am Anfang eingegeben?

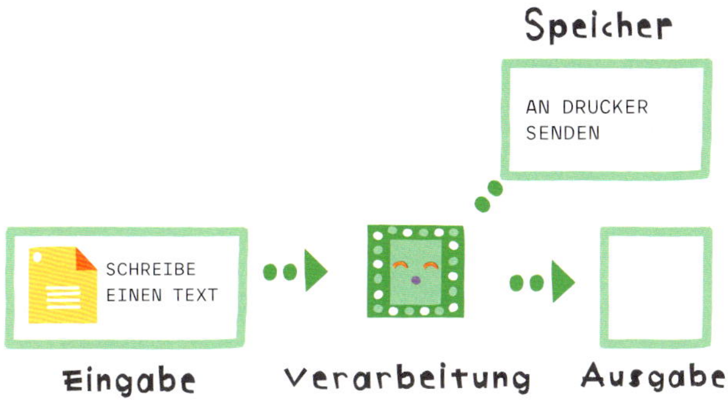

Drucker: Was passiert, wenn du eine Geschichte an einen Drucker schickst? Beschreibe, was ausgegeben wird.

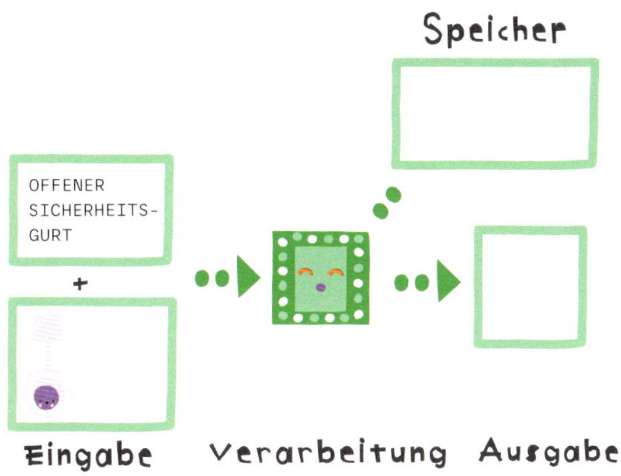

Auto: Sogar in neuen Autos stecken Computer! Welche Art von Sensor hilft dabei, zu erkennen, ob jemand auf dem Sitz sitzt? Was passiert, wenn der Sicherheitsgurt nicht „klick" gemacht hat? Beschreibe, was ausgegeben wird.

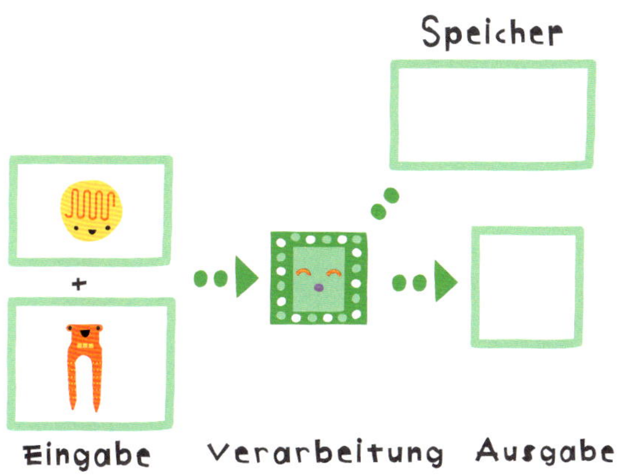

Garten: Wie können dir ein Licht- und ein Feuchtigkeitssensor beim Arbeiten im Garten helfen? Beschreibe den Vorgang.

Diskutiere

Beschreibe zusammen mit einem Erwachsenen die folgenden Dinge anhand eines Inout-Output-Prozesses. Beschreibe, was passiert:

- Einen Rauchmelder auslösen
- Eine E-Mail senden
- Eine Mikrowelle verwenden
- Fällt dir ein eigenes Beispiel ein?

4

WAS SIND DIE WICHTIGSTEN TEILE IM INNEREN EINES COMPUTERS?

Erinnerst du dich noch an die fleißigen Komponenten, die Ruby getroffen hat? Im Inneren eines Computers befinden sich viele kleine elektronische Komponenten. Jede davon hat eine besondere Aufgabe.

Toolbox

Ruby geht in einem Desktop-Computer auf Entdeckungsreise. Die Komponenten von Smartphones funktionieren bei einem genaueren Blick aber auf die gleiche Weise. Vielleicht sehen sie ein bisschen anders aus, oder es fehlen ein paar Teile. Den meisten liegt jedoch das gleiche Prinzip zugrunde: die Von-Neumann-Architektur.

ÜBUNG 12

Komponenten hinzufügen

Achte darauf, alle deine Komponenten auf der Hauptplatine richtig anzuordnen. Die Hauptplatine ist das Herz des Computers. Jede wichtige Komponente befindet sich hier oder ist mit der Platine verbunden.

Die Busse verbinden die Komponenten auf der Hauptplatine miteinander und helfen dabei, dass sich die Daten im Inneren hin- und herbewegen. Finde einen offenen Bus* zum Lüfter.

Computer-Memory-Spiel: Unter helloruby.com/de kannst du Bilder der verschiedenen Teile des Computers als Computer-Memory-Spielkärtchen ausdrucken.

*Bus ist nicht gleich Bus! Diese hier befördern keine Menschen, sondern Daten von A nach B.

ÜBUNG 13

Die Komponenten verbinden

Errätst du, wer wer ist? Folge den gleichfarbigen Verbindungswegen, um den verschiedenen Komponenten den richtigen Namen zuzuordnen.

CPU

(Central Processing Unit, der Prozessor) Ich bin sehr klug und kann ganz schnell rechnen. Ich bin super darin, anderen Komponenten zu sagen, was sie tun sollen, aber ich habe ein schlechtes Gedächtnis.

GPU

(Graphics Processing Unit, der Grafikprozessor) Meine Aufgabe besteht darin, Dinge auf dem Computerbildschirm anzuzeigen. Ich kann gut rechnen.

MASSENSPEICHER

Ich bin wie eine Schublade, in die du Sachen packen kannst, die dann da drin liegen bleiben. Normalerweise ist in mir sehr viel Platz, aber ich bin total langsam.

RAM

(Random Access Memory, der Direktzugriffsspeicher) Ich merke mir alles, worauf ich direkt zugreifen kann, und laufe zwischen der CPU und dem Massenspeicher hin und her. Was bin ich dabei schnell! Aber alles, was im RAM gespeichert ist, geht beim Herunterfahren des Computers verloren.

ROM

(Read Only Memory, der Nur-Lese-Speicher) Wenn der Computer eingeschaltet wird, ist es meine Aufgabe, herauszufinden, wer was tun sollte. Dann muss ich dafür sorgen, dass alle in Schwung kommen. Danach mache ich Pause.

ÜBUNG 14

Eine Herausforderung für die GPU

Die GPU berechnet, was auf deinem Computerbildschirm angezeigt werden soll. Kannst du die GPU vor eine Herausforderung stellen?

- Zähle, wie viele Einsen abgebildet sind. Und wie viele Nullen sind es?
- Ist das vierte Symbol von links in der zweiten Reihe eine Eins oder eine Null?
- Welche Form kannst du im Bild erkennen?
- Was bedeutet diese Form normalerweise? Wie fühlst du dich, wenn du daran denkst?

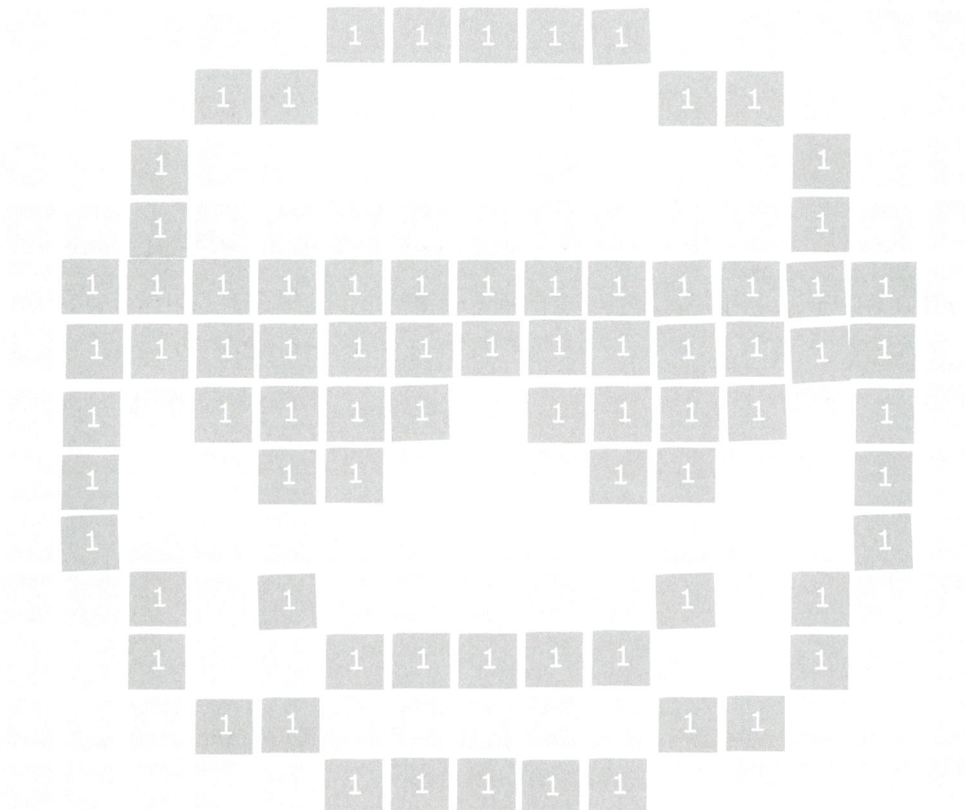

- Zähle, wie viele Einsen abgebildet sind. Und wie viele Nullen sind es?
- Ist das sechste Symbol in der vierten Reihe von links eine Eins oder eine Null?
- Welche Form kannst du im Bild erkennen?
- Was bedeutet diese Form normalerweise? Wie fühlst du dich, wenn du daran denkst?

Diskutiere

Wer gewinnt den Wettbewerb? Welche dieser Übungsfragen sind für Menschen leicht zu beantworten? Wie sieht es bei Computern aus? Denk an die Hinweise aus Übung 5.

ÜBUNG 15

Chip Sudoku

Die Chips in einem Computer bestehen aus kleinen elektronischen Bauteilen wie Verstärkern, Widerständen und Transistoren. Hilf Ruby dabei, vier Chips zu bauen. Vervollständige jeden Chip so, dass in jeder Zeile und in jeder Spalte nur einmal die gleiche Komponente zu finden ist. Es müssen alle Komponenten verwendet werden.

5

BETRIEBSSYSTEM UND ANWENDUNGEN

Als Ruby beim Schneeleoparden vorbeischaute, kam ihr alles allmählich bekannt vor. Jeder Computer besitzt ein Betriebssystem, damit man ihn einfach nutzen kann. Mit Anwendungen kannst du bestimmte Aufgaben am Computer erfüllen, zum Beispiel eine E-Mail schreiben, ein Poster gestalten und Freunden eine Nachricht schicken.

Toolbox

Das Betriebssystem (bzw. Operating System) ist vergleichbar mit einem Verkehrspolizisten. Es reicht Anweisungen zwischen der Software und der Hardware weiter, bedient den Speicher und achtet darauf, dass alles problemlos funktioniert. Es verwaltet auch alle Anwendungen, die in der Regel eigens auf ein bestimmtes Betriebssystem ausgelegt sind. Bei einigen Betriebssystemen wird die Bedienung des Computers durch Symbole wie Dateien und Ordner erleichtert. Andere wiederum sind textbasiert.

Ohne Betriebssysteme müssten wir in der computereigenen Sprache aus Einsen und Nullen sprechen!

ÜBUNG 16

Ein Betriebssystem auswählen

Suche dir ein Betriebssystem aus und bringe das Logo auf der Rückseite deines Computers an. Auf einigen Computern können mehrere Betriebssysteme laufen.

Weitverbreitete Betriebssysteme:

Linux

Linux wird von Menschen auf der ganzen Welt weiterentwickelt.

macOS

macOS steckt in Computern vom Typ Mac.

Windows

Windows ist eines der sehr beliebten Betriebssysteme von Microsoft. Andere bekannte Betriebssysteme sind zum Beispiel Android und iOS (für Smartphones). Sie sind für Geräte mit Touchscreen gedacht.

Betriebssysteme sind riesige Programme: Man munkelt, dass Windows Vista aus rund 50 Millionen Codezeilen besteht, MacOSX sogar aus 86 Millionen. Kannst du dir vorstellen, wie viele Bücher das ergeben würde?

Diskutiere

Warum hast du dir dieses Betriebssystem für deinen Computer ausgesucht?

ÜBUNG 17

Dein eigenes Betriebssystem gestalten

Die unterschiedlichen Betriebssysteme haben viele Dinge gemeinsam. Nun bist du dran, das Betriebssystem für ein Smartphone zu entwickeln. Nutze das Smartphonebild rechts als Vorlage zum Abzeichnen. Du kannst dich dabei an einem existierenden Betriebssystem orientieren oder selbst eines erfinden.

Anwendungen

- Welche Apps hat dein Smartphone? Gestalte die Symbole auf dem Homescreen.
- Male dein eigenes Hintergrundbild.
- Gestalte eine App auf dem Anwendungsbildschirm. Du kannst dazu die Elemente unten verwenden.

Funktionen

- Was passiert, wenn jemand auf deinem oder dem Smartphone deiner Eltern anruft? Gestalte, wie es dann aussieht.
- Wie macht man mit einem Smartphone Fotos? Wie zeigt es die Fotos an?
- Was für eine Tastatur hat ein Smartphone? Hat es auch Emojis?

Diskutiere

Kannst du ein Betriebssystem erfinden, das nur aus Text besteht? Wie würde ein Betriebssystem für eine Uhr aussehen? Wie für einen Kühlschrank? Ein Raumschiff?

Smartphonevorlagen: Unter helloruby.com/de kannst du dir noch mehr Vorlagen ausdrucken.

6

BITS, LOGIKGATTER UND STROM

Nach ihrer Landung im Computer machte Ruby als Erstes die Bekanntschaft von Bits. Ganz vereinfacht besteht alles in einem Computer aus einem Haufen Schalter, die EIN- oder AUSgeschaltet sind. Das sind die Bits. Dein Computer ist wirklich geschickt darin, so zu tun, als ob in ihm Fotos, Geschichten und Lieder enthalten wären. Dabei ist alles nur Strom!

Toolbox

Beim elektrischen Strom fließen Elektronen durch einen Stromkreis. Wenn man den Computer einschaltet, fließt Strom zu den Chips. Bekommt ein Bit keinen Strom, ist es AUS. Wird es mit Strom versorgt, ist es AN.

Mit dem Ausdruck „binär“ wird beschrieben, dass sich etwas in einem von zwei Zuständen befindet. Informatiker verwenden dafür die Zahlen Eins und Null. In der Logik ist von WAHR oder FALSCH die Rede.

ELEKTRIZITÄT	BINÄRCODE	BOOLESCHE VARIABLE
EIN	1	WAHR
AUS	0	FALSCH

Computer treffen mithilfe von Milliarden von winzigen Bauelementen, den Logikgattern, Entscheidungen. Logikgatter können als Ergebnis entweder WAHR oder FALSCH ausgeben. Es gibt drei Arten von ihnen: UND, ODER und NICHT.

Wenn man nun diese unterschiedlichen Logikgatter miteinander kombiniert, lassen sich äußerst komplizierte Dinge erstellen, beispielsweise Strukturen, die man benötigt, um ein Video zu streamen oder ein Auto zu fahren.

ÜBUNG 18

Dein eigenes Netzteil gestalten

Das Netzteil nimmt den Strom aus der Wand und verteilt ihn unter den verschiedenen Komponenten. Bei einem Laptop befindet es sich außerhalb des Computers. Bastele ein Netzteil aus Papier. Und auch ein Kabel. Schließlich muss das Netzteil ja mit dem Computer verbunden werden!

Computer werden über Kabel nicht nur mit Strom, sondern auch mit Daten versorgt. Kannst du das richtige Kabel an das richtige Gerät anschließen? Erkläre, was passiert, wenn das Kabel angeschlossen ist.

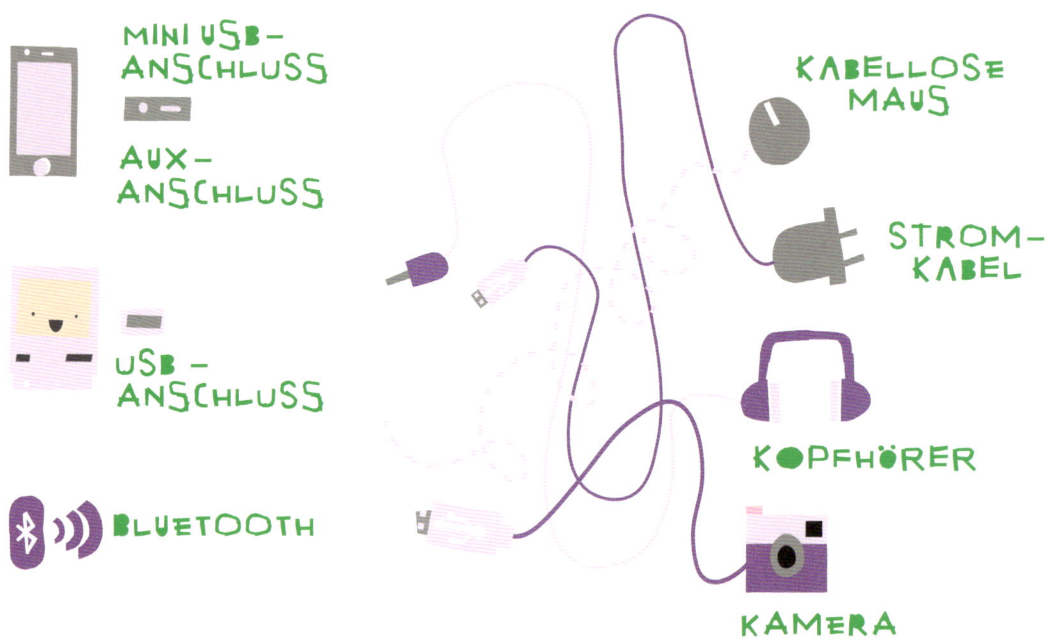

Diskutiere

Kannst du Strom sehen?

ÜBUNG 19

Wie ein Computer denken

Nur zwei Auswahlmöglichkeiten zu haben, mag dir wenig vorkommen, jedoch kann man eine ganze Menge mit nur zwei Ziffern mitteilen.

1 = JA **0 = NEIN**

Denke zusammen mit einem Freund über einen der folgenden Freunde von Ruby nach: CPU, GPU, RAM, ROM, Massenspeicher und Maus. Finde heraus, wer wer ist, indem du nur Fragen stellst, die man mit Ja oder Nein beantworten kann! Wechselt euch dann ab.

Diskutiere

Kann man mit nur Ja und Nein ein echtes Gespräch führen? Versucht es!

- Über welches Geburtstagsgeschenk haben sich deine Freunde letztes Jahr am meisten gefreut?
- Was haben sie zum Frühstück gehabt?
- Welche ist ihre Lieblingsfarbe?

ÜBUNG 20

Wie viel ist ein Bit?

Ein Bit ist eine Maßeinheit wie Minute, Kilogramm oder Meter. Die verschiedenen Zusammensetzungen von Bits haben besondere Namen. Acht Bits sind ein Byte.

Was denkst du: Welche dieser Dateien nimmt den meisten Platz ein? Ordne ihnen die richtige Größe zu. Du kannst dafür gemeinsam mit einem Erwachsenen richtige Dateien prüfen.

EIN TEXT-ABSCHNITT

EIN KURZES VIDEO

DER BUCHSTABE A

EIN URLAUBSFOTO

1 Byte

1 Kilobyte

1 Megabyte

1 Gigabyte

Wie ein Computer schreiben

Ja (1) und Nein (0) reichen auf Dauer nicht aus, daher kann man sich mithilfe des Binärsystems noch einen besonderen Code für jeden Buchstaben des Alphabets ausdenken. Aus nur acht Ziffern kann ein Computer das gesamte Alphabet mit Groß- und Kleinbuchstaben, Zahlen und Satzzeichen zusammensetzen. Gar nicht schlecht, was man mit Eins und Null alles machen kann!

Den Code, den du gerade geschrieben hast, nennt man Maschinensprache oder -code und er entspricht den Anweisungen, die eine CPU befolgt.

Schreibe den ersten Buchstaben des Namens, den du deinem Computer gegeben hast, in Binärcode auf die freie Stelle oberhalb der Hauptplatine.

Kannst du deinen Namen als Binärcode schreiben?

A	0	1	0	0	0	0	0	1
B	0	1	0	0	0	0	1	0
C	0	1	0	0	0	0	1	1
D	0	1	0	0	0	1	0	0
E	0	1	0	0	0	1	0	1
F	0	1	0	0	0	1	1	0
G	0	1	0	0	0	1	1	1
H	0	1	0	0	1	0	0	0
I	0	1	0	0	1	0	0	1
J	0	1	0	0	1	0	1	0
K	0	1	0	0	1	0	1	1
L	0	1	0	0	1	1	0	0
M	0	1	0	0	1	1	0	1
N	0	1	0	0	1	1	1	0
O	0	1	0	0	1	1	1	1
P	0	1	0	1	0	0	0	0
Q	0	1	0	1	0	0	0	1
R	0	1	0	1	0	0	1	0
S	0	1	0	1	0	0	1	1
T	0	1	0	1	0	1	0	0
U	0	1	0	1	0	1	0	1
V	0	1	0	1	0	1	1	0
W	0	1	0	1	0	1	1	1
X	0	1	0	1	1	0	0	0
Y	0	1	0	1	1	0	0	1
Z	0	1	0	1	1	0	1	0
Å	1	1	0	0	0	1	0	1
Ä	1	1	0	0	0	1	0	0
Ö	1	1	0	1	0	1	1	0

ÜBUNG 22

Wer trickst dich aus?

Die Logikgatter sind ganz schöne Rätselfreunde. Hilf Ruby herauszufinden, welche von ihnen lügen. Achte auf die Wörter UND, ODER und NICHT.

UND-GATTER

Ich bin...

Pink **UND** Grün

Ich bin...

Gelb **UND** Grün

Ich bin...

Gelb **UND** Rot

Ich bin...

Pink **UND** Gelb

ODER-GATTER

Wahr 1 | Falsch 0

Ich bin...

Violett **ODER** Pink

Wahr 1 | Falsch 0

Ich bin...

Rot **ODER** Gelb

Wahr 1 | Falsch 0

Ich bin...

Rot **ODER** Pink

Wahr 1 | Falsch 0

Ich bin...

Violett **ODER** Gelb

NICHT-GATTER

Wahr 1 | Falsch 0

Ich bin...

NICHT Gelb

Wahr 1 | Falsch 0

Ich bin...

NICHT Blau

Wahr 1 | Falsch 0

Ich bin...

NICHT Pink

Wahr 1 | Falsch 0

Ich bin...

NICHT Violett

7

DEINEN COMPUTER ERLEBEN

Hurra! Du hast es geschafft: Du hast deinen eigenen Computer gebaut! Du hast Eingabe- und Ausgabegeräte hinzugefügt, die Komponenten verteilt, ein Betriebssystem ausgewählt, deinem Computer einen Namen gegeben, in Maschinensprache geschrieben und ein Netzteil gestaltet. Jetzt wird es aber Zeit, dass du den Computer ausprobierst!

Übung 23

Was kann man nur alles mit einem Computer machen?

Denk dir eine Anwendung (App) für deinen Computer oder für ein Smartphone aus.

- **IDEE**
  Überlege dir als erstes, welche Probleme du mithilfe einer App lösen kannst. Wie könnte ein Computer den folgenden Personen helfen?

- **PROTOTYP**
  Beschäftigen wir uns nun mit einer deiner App-Ideen. Beschreibe die App in ein bis zwei Sätzen.

- **GESTALTUNG**
  Die Übung 17 enthält hilfreiche Tipps hierfür. Benutze deine Fantasie und denke an alles, was du schon gelernt hast!

ÜBUNG 24

Zukünftige Computer

Du hast dir gerade einen Laptop-Computer gebaut. In der Zukunft werden Computer aber ganz anders aussehen. Wähle einen Gegenstand aus der Liste mit den gelben Kästchen und einen Sensor aus der Liste mit den blauen Kästchen aus. Kannst du dir vorstellen, was die beiden zusammen als Computer tun könnten?

Gegenstand	Sensor
Fahrrad	Farben
Bettdecke	Stimme
Zahnbürste	Puls
Schuhe	Neigung
Spiegel	Beschleunigung
Regenschirm	Standort
Schlüssel	Berührung
Einkaufstüte	Geschwindigkeit

Das habe ich in meinen Computer gepackt:

Wenn ich auf An/Aus drücke, wird mein Computer:

Diskutiere

Frag einen Erwachsenen nach seinem ersten Computer. Vergleiche das, was er erzählt, mit deinen ersten Erfahrungen mit Computern.

ÜBUNG 25

Dem Computerklick auf der Spur

Bevor dir auf dem Computerbildschirm ein Foto angezeigt wird, sagen sich die Komponenten im Inneren des Computers tausende Male „Bitte!" und „Danke!". Folge dem Weg mit deinem Finger, und entdecke, was alles passiert, bevor der Computer das Foto öffnet.

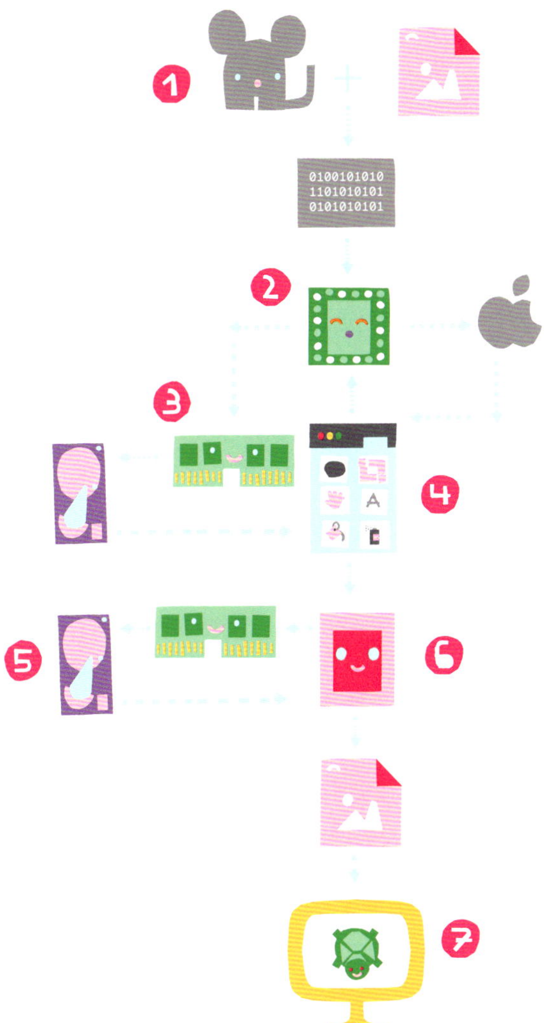

1. Durch Klicken mit der Maus entsteht Code, der dem Bild sagt, es solle sich öffnen. Die CPU wird durch den Code unterbrochen.
2. UNTERBRECHUNG! Alle aufhören, mit dem, was ihr gerade macht! Die CPU gibt den Code weiter an das Betriebssystem. Das Betriebssystem entscheidet, mit welcher Anwendung die Datei geöffnet werden soll, braucht dann aber die Hilfe der CPU.
3. Die CPU weist RAM an, die richtige Anwendung aus dem Massenspeicher abzuholen.
4. Die Fotoanwendung weiß, wie sie mit einem solchen Code umgehen muss. Sie braucht die Hilfe von der GPU.
5. Die GPU bittet RAM, das Bild aus dem Massenspeicher abzuholen.
6. Die GPU berechnet, welche Pixel auf dem Bildschirm wie beleuchtet werden müssen, damit das Bild entsteht.
7. Schließlich wird das Bild auf dem Bildschirm angezeigt.

ÜBUNG 26

Wer errät das Passwort?

Computer werden normalerweise durch Passwörter geschützt, damit niemand sie verwenden kann, der es nicht darf. Ein starkes Passwort besteht aus 12 bis 14 Zeichen und enthält Groß- und Kleinbuchstaben, Zahlen und Sonderzeichen.
Rubys Papa hat sich nach ihrem Abenteuer entschieden, das Passwort zu ändern. Er hat aber Hinweise hinterlassen. Hilf Ruby, das neue Passwort zu erraten.

1. Kleines, rothaariges Mädchen mit sehr viel Fantasie
2. Das erste Logikgatter, das Ruby ein Rätsel gestellt hat
3. Kleiner Freund, der Ruby auf ihrer Reise geholfen hat
4. Wie viele gelbe Notizzettel kleben über Papas Schreibtisch?
5. Was für ein Sonderzeichen ist auf dem obersten Notizzettel über Papas Schreibtisch abgebildet?

© Maija Tammi

Linda Liukas

ist Programmiererin, Geschichtenerzählerin und Illustratorin und kommt aus Helsinki, Finnland. Ihre Idee zum Kinderbuch *Hello Ruby* wurde zuerst auf Kickstarter vorgestellt. Der Betrag von 10.000 US-Dollar, der mit der Kampagne gesammelt werden sollte, war nach gerade einmal dreieinhalb Stunden übertroffen. Insgesamt kamen 380.000 US-Dollar zusammen. Bis heute wurde das Buch in über 20 Sprachen übersetzt.

Linda Liukas ist in eine der Hauptfiguren in der Welt des Programmierens. Noch bevor EduTech in aller Munde war, hat sie bereits im Bereich Bildungstechnologie gearbeitet. Ihr auf einer TED-Konferenz im Oktober 2015 mitgeschnittener Vortrag wurde bereits über 1 Million Mal aufgerufen. Linda Liukas ist Gründerin von Rails Girls, einer globalen Bewegung mit dem Ziel, junge Frauen in die Grundlagen des Programmierens einzuführen. In den Workshops, die bisher in über 260 Städten von Freiwilligen organisiert worden sind, haben innerhalb weniger Jahre zehntausende Frauen Grundkenntnisse im Programmieren erlernt. Davor war sie bei Codecademy tätig, einem Unternehmen in New York City, das kostenlosen Programmierunterricht über das Internet anbietet und weltweit viele Millionen Nutzer hat.

Sie ist außerdem der Überzeugung, dass Code die Sprachkompetenz des 21. Jahrhunderts darstelle und es daher wichtig sei, dass die Menschen das ABC des Programmierens beherrschen. Sie sieht unsere Welt zunehmend von Software gesteuert, jedoch einen Mangel von Vielfalt unter denjenigen, die diese entwickeln. Für sie kann Kindern das Programmieren am besten durch spannende Geschichten nähergebracht werden. Da sie aus den Märchen ihrer Kindheit niemals wirklich herausgewachsen ist, sieht sie das Internet als ein Wirrwarr aus Geschichten und wünscht sich, eine größere Mannigfaltigkeit von Stimmen in dieser Welt zu hören.

Linda Liukas hat Wirtschaftswissenschaften, Design und Ingenieurwesen an der Aalto University sowie Product Engineering an der Stanford University studiert. 2013 wurde ihr der Ruby Hero Award verliehen (der wichtigste Preis innerhalb der Ruby-Programmierergemeinschaft). Sie wurde von der EU-Kommissarin für die Digitale Agenda, Neelie Kroes, zum offiziellen Digital Champion von Finnland ernannt. 2014 wurde sie von der finnischen Kunstförderung für ihre Verdienste um die Bildung von Kindern geehrt.

lindaliukas.fi@lindaliukas
helloruby.com

Glossar

Anwendung: Eine Anwendung bzw. Applikation ist ein Programm, mit dem eine bestimmte Aufgabe wie das Schreiben einer E-Mail ausgeführt werden kann. Häufig ist von „App" die Rede, der Abkürzung für Applikation.

Ausgabegerät: Ausgabegeräte zeigen die von einem Computer verarbeiteten Daten in einer für Menschen verständlichen Form beispielsweise auf dem Bildschirm an.

Benutzeroberfläche: Über die Benutzeroberfläche interagiert ein Benutzer mit einem Computer oder einem Gerät.

Betriebssystem: Ein Betriebssystem ist eine Software, die die Hardware- und Softwareressourcen eines Computersystems verwaltet.

Bit: Das Bit ist die kleinste in einem Computer darstellbare Dateneinheit. Ein Bit kann nur zwei Werte annehmen: Eins oder Null. Ein Zahlensystem mit nur zwei Ziffern wird Binärsystem genannt. In Computern werden Informationen stets binär codiert.

Boolesche Variablen: Dabei handelt es sich um einen in der Informatik verwendeten Datentyp, eine Aussage, auf die nur zwei Antworten möglich sind: WAHR oder FALSCH.

CPU: Steht für Central Processing Unit und ist das Gehirn des Computers, das Programmanweisungen verarbeitet.

Daten: Daten sind Informationseinheiten. In der Informatik gibt es verschiedene Datenarten wie Zahlen, Zeichen und Boolesche Variablen.

Eingabegerät: Daten gelangen mithilfe solcher Geräte wie Tastatur oder Maus in den Computer.

GPU: Steht für Graphics Processing Unit, den Grafikprozessor. Diese Komponente verarbeitet video- und grafikbezogene Anfragen.

Hauptplatine: Die Hauptplatine ist die Leiterplatte im Inneren eines Computers, auf der die CPU, Speicher und die Verbindungen zu anderen Geräten aufgebracht sind.

Hardware: Alle Teile eines Computersystems, die physisch angefasst werden können. Dazu gehören beispielsweise der Bildschirm, die Komponenten und die Tastatur.

Informatik: Die Wissenschaft der Grundlagen und Arbeitsweisen von Computersystemen.

Strom: Dahinter verbirgt sich ein Fluss von Elektronen. In Computern hilft Strom dabei, Schalter ein- und auszuschalten.

Logikgatter: Logikgatter sind Schaltungen, die verschiedene Eingangssignale aufnehmen, diese miteinander vergleichen und auf der Grundlage logischer Operatoren wie UND, ODER und NICHT zu einem einzigen logischen Ergebnis umwandeln und dieses ausgeben.

Maschinensprache: Dabei handelt es sich um Low-Level-Code, der in Binärzahlen dargestellt wird. In dieser Sprache verstehen die Computerhardware und insbesondere die CPU Anweisungen.

Mikrochip (ein integrierter Schaltkreis): Ein Mikrochip ist ein kleines Plättchen, auf dem zahlreiche elektronische Bauteile aufgebracht sind. Computer bestehen aus diesen Chips.

Massenspeicher: Die Hardware eines Computers, auf der Daten langfristig gespeichert werden, zum Beispiel eine Speicherkarte oder Festplatte.

RAM: Steht für Random Access Memory und bezeichnet den Direktzugriffsspeicher, der ständig beschrieben wird und von dem fortwährend Daten abgerufen werden. Beim Herunterfahren des Computers wird der RAM gelöscht.

ROM: Steht für Read Only Memory und bezeichnet den Nur-Lese-Speicher. Die darin gespeicherten Daten, zum Beispiel die Anweisungen für das Booten des Computers, können nicht verändert werden.

Sensor: Sensoren erkennen Ereignisse oder Umgebungsänderungen und geben daraufhin Ergebnisse aus. Sie können beispielsweise die Temperatur, die Lichtverhältnisse oder den Druck messen.

Software: Unter Software fallen die Programme, Anwendungen und Daten in einem Computersystem. Software ist im Gegensatz zur Hardware alles, was man nicht anfassen kann.

Transistor: Dabei handelt es sich um mikroskopisch kleine Bauteile, die zur Weitergabe elektrischer Signale Schaltkreise öffnen und schließen. CPUs bestehen aus Millionen von Transistoren.